Aus der

Wichtelküche

Backen für Kinder

G. Poggenpohl

Aus der
Wichtelküche
Backen für Kinder

EDITION XXL

Wichtel – Sagengestalten aus unseren Kindertagen, Verkörperung unserer Kinderträume, Sehnsüchte und Wünsche.

Früher, „als es sie noch gab", d. h. als unsere Vorfahren an sie glaubten, waren sie auch ganz praktisch. Sie halfen uns Arbeiten zu erledigen und waren auch sonst gute Geister. Manchmal trieben sie aber allerlei Schabernack mit den Menschen, ob groß oder klein.

Sie hatten die witzigsten Einfälle und hätten nie einfach nur einen Kuchen gebacken oder gegessen; die Backwaren mussten immer bunt, aufregend und lustig sein oder eine kleine Geschichte erzählen.

Lesen Sie mit Ihren Kindern die Rezepte und lassen Sie die Kinder beim Backen einfache Dinge erledigen! Sie werden sehen, der Kuchen schmeckt noch mal so gut, wenn man selber Hand angelegt hat. Ich habe die Backrezepte so gestaltet, dass Sie nicht nur für, sondern auch mit Ihren Kindern backen können.

Erleben Sie mit Ihren Kindern die Rezepte und dekorieren Sie lustiges Backwerk! Das macht eine Menge Spaß.

Alle Rezepte und Dekorationen sind mit einfachen Mitteln herzustellen und erfordern weder übermäßiges Geschick noch außergewöhnliche Einkäufe.

Genauso gut sind die Rezepte geeignet, wenn Sie für Ihre Kinder eine Überraschung planen – sei es ein Geburtstag, Kinderbesuch, ein gutes Zeugnis oder ein anderer besonderer Anlass.

Versetzen Sie sich in Ihre Kindheit zurück, regen Sie die Fantasie Ihrer Kinder an und erleben Sie fröhliche Stunden beim gemeinsamen Backen!

Ihr G. Poggenpohl

Meine Wichtelfamilie

Garnierwichtel

Mein Aufgabe ist es, leckere Speisen lustig zu dekorieren. Denn nur wenn es richtig bunt und lustig ist, schmeckt das Essen.

Schneebesenwichtel

Mit meinem Schneebesen kann ich einen Teig ganz locker und luftig aufschlagen. Außerdem bin ich immer zur Stelle, wenn geschlagene Sahne gebraucht wird.

Butterwichtel

Ohne mein Zutun würden die ganzen Leckereien nur halb so gut schmecken.

Opa Wichtel

Ich habe in meinem Leben schon so oft beim Kochen und Backen geholfen, jetzt sitze ich doch lieber hier und warte, bis das Essen und die leckeren Kuchen fertig sind.

Knetwichtel

Meine Arbeit ist schwierig, denn ich knete den Teig so lange, bis alle Zutaten gut vermischt sind. Du wirst sehen, das ist ganz schön anstrengend.

Rosinenwichtel

Ich bin immer dann zur Stelle, wenn Backwaren mit Rosinen verfeinert werden. Rosinen sind übrigens getrocknete Trauben.

Chefkochwichtel

Ich bin der Chef, ich mache die leckersten und lustigsten Speisen. Komm, sieh mir über die Schulter und lerne von mir.

Früchtewichtel

In meinem Wichtelgärt-chen wachsen die süßes-ten Früchte und die schmecken am allerbesten.

Zutatenwichtel
Hin und her, überall schauen,
wo was los ist, ja, und alle
Zutaten aus der Speisekammer
bringen.

Probierwichtel
Probieren, ob alles
schmeckt, das ist meine
Aufgabe. Wenn noch
etwas fehlt, gebe ich
das Notwendige dazu.

Mengenwichtel
Meine Aufgabe ist es, alle Zutaten
genau abzumessen und zu wie-
gen, damit nicht von dem einen
oder anderen zu viel oder zu
wenig in den Teig kommt.

Milchwichtel
Ich bin fast der Wichtigste von
allen, denn die frische Milch,
die ich bringe, gehört beinahe in
jeden Teig. Dabei muss ich auf-
passen, dass sie nicht zu heiß und
nicht zu kalt ist.

Kleiner Wichtel
Ich habe es gut, ich kann immer
zuschauen, darf noch nicht mit-
helfen und bekomme doch die
leckeren Dinge zu essen.

Süßer Wichtel
Immer, wenn irgendwo
Zucker fehlt, dann bin ich
zur Stelle. Ohne mich kann
keine Süßspeise gelingen.

Rührwichtel
Rühren, rühren, rühren: Ich bin
ganz wichtig, wenn es um die
Zubereitung der Kuchen geht.
Der Teig soll ja schön locker sein.

Servierwichtel
Ich weiß genau, wann der
Kuchen fertig ist, hole ihn
dann aus dem Ofen und
teile ihn für alle auf.

Müllerwichtel
Ich kümmere mich darum,
dass das Mehl immer fein
gesiebt und ohne Klümp-
chen ist. Dann werden
die Kuchen herrlich locker
und saftig.

11

Zutaten:

Für den Teig:
6 Eier
175 g Zucker
150 g Mehl
90 g Butter
3 EL Kakaopulver
1 Prise Salz

Für die Creme:
2 Eier
100 g Zucker
250 g Butter

Für die Dekoration:
runde Kekse in zwei unterschiedlichen Größen
Zuckermäuse
bunte Zuckertaler
Marshmallows

Zubereitung:

1. Die Eier trennen und das Eiweiß mit dem Salz zu steifem Schnee schlagen. Die Butter in einem Topf schmelzen und vom Herd nehmen.

2. Die Eigelbe mit dem Zucker im heißen Wasserbad cremig aufschlagen. Die Eimasse aus dem Wasserbad nehmen, das Mehl und den Kakao darüber sieben, die Butter dazugeben und alles miteinander vermischen. Den Eischnee unterheben. Den Teig ca. 2 cm hoch hoch auf ein Backblech streichen, im vorgeheizten Backofen bei 180° C ca. 45 Minuten backen, herausnehmen und auskühlen lassen.

3. Die Butter in eine Schüssel geben und so lange schlagen, bis sie weiß ist (mindestens 15 Minuten). Die Eier in eine zweite Schüssel geben, mit dem Rührgerät aufschlagen. Den Zucker einrühren und die Eimasse im heißen Wasserbad rühren, bis sie cremig ist, aus dem Wasserbad nehmen und kaltschlagen. Die aufgeschlagene Butter mit der Eimasse verrühren.

4. Wenn der Biskuitteig ausgekühlt ist, mit der Buttercreme bestreichen und die Masse im Kühlschrank erstarren lassen. Dann ca. 3 cm breite Streifen aus dem Boden schneiden, auf Wagenlänge kürzen und mit den Keksen und den Zuckerteilen dekorieren.

Zutaten:

Für den Teig:
4 Eier
300 g Butter
300 g Zucker
300 g Mehl

Für die Dekoration:
100 g Puderzucker
2 EL Zitronensaft
rote Zuckerfarbe
weiße Zuckerkugeln

Zubereitung:

1. Die Eier trennen und aus dem Eiweiß steifen Schnee schlagen. Mit einem Rührgerät die Butter schaumig rühren und den Zucker unterheben. Die Eigelbe in die Buttermasse geben und zu einer dicken Creme aufschlagen. Das Mehl darüber sieben, unterrühren und anschließend den Eischnee darunter heben.

2. Ein Muffinblech mit Papierförmchen auslegen, jeweils zwei Esslöffel Teig in die Förmchen einfüllen, im vorgeheizten Backofen bei 180° C ca. 30 Minuten backen.

3. Die Muffins auskühlen lassen, aus den Papierförmchen lösen, mit einem runden Ausstecher den Stiel des Fliegenpilzes formen.

4. Aus dem Puderzucker, Zitronensaft und der Zuckerfarbe einen Zuckerguss herstellen und die Fliegenpilze damit überziehen. Die weißen Zuckerkugeln auf den Zuckerguss setzen.

Zutaten:

Für den Teig:
4 Eier
300 g Butter
300 g Zucker
300 g Mehl
Schale von 2 Zitronen
Saft von 2 Zitronen

Für die Füllung:
1 Packung Vanille-
puddingpulver
40 g Zucker
1/2 l Milch

Für die Dekoration:
1 Dose Pfirsiche
Brombeeren
Heidelbeeren
Pflaumen
1 Packung Zitronengötterspeise

Zubereitung:

1. Die Eier trennen und aus dem Eiweiß steifen Schnee schlagen. Mit einem Rührgerät die Butter schaumig rühren und den Zucker unterheben. Die Eigelbe, die Zitronenschale und den Zitronensaft in die Buttermasse geben und zu einer dicken Creme aufschlagen.

2. Das Mehl darüber sieben, unterrühren und anschließend den Eischnee darunter heben. Den Teig in eine gefettete und bemehlte Springform füllen und im vorgeheizten Backofen bei 180° C ca. 60 Minuten backen. Den Kuchen aus dem Ofen nehmen, aus der Form lösen und abkühlen lassen.

3. Den Kuchen oben glatt schneiden und quer halbieren. Aus Milch, Zucker und Puddingpulver einen Pudding nach Packungsanweisung herstellen.

4. Den unteren Teil des Kuchens in eine Springform legen, den Pudding darauf verteilen und den oberen Kuchenteil darauf setzen. Den Kuchen mit den Früchten zu einer Sonne dekorieren.

5. Die Götterspeise nach Packungsanweisung zubereiten und über die Früchte gießen. Den Kuchen im Kühlschrank erkalten lassen.

Zutaten:

400 g Blätterteig
1 Ei
250 g Kirschen
1 EL Zucker

Für die Dekoration:
Frische Kirschen

Zubereitung:

1. Die Kirschen waschen, entsteinen, klein schneiden und mit dem Zucker vermischen. Das Ei in eine Schüssel aufschlagen und mit einer Gabel verquirlen.

2. Den Backofen auf 180° C vorheizen, ein Backblech mit Backpapier auslegen.

3. Den Blätterteig auslegen und vier Teigquadrate von ca. 15 cm ausschneiden. Von den Ecken her 5 cm einschneiden, in die Mitte der Quadrate die Kirschen setzen. Jede zweite Ecke zur Mitte klappen, sodass eine Windradform entsteht, leicht andrücken und mit Ei bestreichen.

4. Aus dem restlichen Blätterteig werden vier Dreiecke geschnitten, mit den Kirschen gefüllt und zusammengeklappt, mit einigen Blätterteigstreifen dekoriert und mit dem Ei bestrichen. Anschließend die Windräder und Dreiecke im Backofen ca. 15 Minuten backen.

Zutaten:

Für den Teig:
3 Eier
200 g Butter
200 g Zucker
200 g Mehl
1 Päckchen Vanillezucker
2 EL Kakaopulver

Für die Dekoration:
1 Packung Schokoladenglasur
1 Packung Zitronenglasur
bunte Zuckerdekoration

Zubereitung:

1. Die Eier trennen und aus dem Eiweiß steifen Schnee schlagen. Mit einem Rührgerät die Butter schaumig rühren und den Zucker mit dem Vanillezucker unterheben.

2. Die Eigelbe in die Buttermasse geben und zu einer dicken Creme aufschlagen. Das Mehl darüber sieben, unterrühren und anschließend den Eischnee darunter heben. Die Hälfte des Teiges in gefettete und bemehlte Gugelhupfförmchen füllen.

3. Den Rest des Teiges mit dem Kakaopulver verrühren, auf dem hellen Teig verteilen und mit einer Gabel von oben nach unten beide Teigmassen miteinander mischen. Die Kuchen im vorgeheizten Backofen bei 180° C ca. 35 Minuten backen. Anschließend aus dem Ofen nehmen, aus den Formen lösen und abkühlen lassen.

4. Die Kuchenglasur nach Packungsanweisung schmelzen, die Kuchen damit überziehen und mit Zuckerdekoration bestreuen.

Wichtelomas Gugelhupf

Zutaten:

Für den Teig:
125 g Mehl
40 g Speisestärke
125 g Butter
4 Eier
1 Prise Salz
1/4 l Wasser

Für die Füllung:
1/2 l Milch
1 Vanilleschote
5 Eigelb
100 g Zucker
30 g Speisestärke

Für die Dekoration:
bunte Zuckerschrift

Zubereitung:

1. Das Wasser in einem größeren Topf aufkochen und salzen. Die Butter zufügen und im Wasser auflösen. Das Mehl auf einmal in das Wasser schütten und dabei ständig rühren; es dürfen sich keine Klümpchen bilden. Den Teigkloß noch ca. zwei Minuten auf allen Seiten abbrennen und dabei ständig rühren. Den Topf vom Herd nehmen und ca. fünf Minuten auskühlen lassen.

2. Den Teigkloß in eine Rührschüssel geben, nach und nach die Eier einzeln unterrühren. Ein Backblech fetten oder mit Backpapier auslegen, die Teigmasse in einen Spritzbeutel füllen und vier größere Kugeln spritzen. Aus der restlichen Masse werden die Schwanenhälse S-förmig gespritzt. Die Windbeutel im vorgeheizten Backofen bei 180° C ca. 20 Minuten backen. Aus dem Ofen nehmen und abkühlen lassen.

3. Die Speisestärke mit 4 EL kalter Milch glatt rühren. Die Vanilleschote auskratzen und mit der restlichen Milch aufkochen. Die Eigelbe mit dem Zucker in einer Schüssel cremig schlagen. Die Speisestärke und die Eimasse in die kochende Milch geben und auf kleiner Flamme einmal aufwallen lassen. Die Vanillecreme vom Herd nehmen, abkühlen lassen und in einen Spritzbeutel füllen.

4. Die Windbeutel aufschneiden, das Oberteil der Windbeutel halbieren. Den unteren Teil der Windbeutel mit Vanillecreme füllen. Den Schwanenhals mit Zuckerschrift dekorieren. Die Flügel und den Schwanenhals auf das Unterteil der Windbeutel setzen.

Zutaten:

Für den Teig:
350 g Honig
125 g Butter
125 g Zucker
500 g Mehl
1 Päckchen Backpulver
1 Päckchen Lebkuchengewürz
2 Eier
Schale einer Zitrone
70 g geriebene Mandeln
70 g gehacktes Zitronat

Für die Dekoration:
verschiedene bunte Süßigkeiten,
z. B. Smarties, Marshmallows,
Fruchtgummis usw.
200 g Puderzucker
4 EL Zitronensaft
Puderzucker zum Bestreuen

Zubereitung:

1. Den Honig mit der Butter und dem Zucker in einem Topf erhitzen und ca. fünf Minuten abkühlen lassen. Das Mehl mit dem Backpulver und dem Gewürz vermischen.

2. Die Honigmasse und die restlichen Zutaten zu einem glatten Teig verrühren. Ein Backblech mit Backpapier auslegen, den Teig darauf streichen und im vorgeheizten Backofen bei 180° C 45 Minuten backen.

3. Den Lebkuchen aus dem Ofen nehmen und auskühlen lassen.

4. Den Puderzucker mit dem Zitronensaft verrühren. Aus dem Teig zwei Dreiecke und zwei Rechtecke schneiden und mit dem Zuckerguss zu einem Häuschen zusammensetzen.

5. Die Süßigkeiten mit Zuckerguss auf das Häuschen kleben und mit Puderzucker bestreuen.

Wichtelhütte

Zutaten:

Für den Teig:
6 Eier
175 g Zucker
150 g Mehl
90 g Butter
3 EL Kakaopulver
1 Prise Salz

Für die Dekoration:
Marmelade und Creme
nach Geschmack
Schokoladenglasur
Marzipanrohmasse
Zuckerfarbe
verschiedene Zucker-
dekorationen

Zubereitung:

1. Die Eier trennen und das Eiweiß mit dem Salz zu steifem
Schnee schlagen. Die Butter in
einem Topf schmelzen und vom
Herd nehmen. Die Eigelbe mit
dem Zucker im heißen Wasserbad
cremig aufschlagen.

2. Die Eimasse aus dem Wasserbad nehmen, das Mehl und den
Kakao darüber sieben, die Butter
dazugeben und alles miteinander
vermischen. Den Eischnee unterheben.

3. Den Teig ca. 2 cm hoch auf
ein gefettetes Backblech streichen,
im vorgeheizten Backofen bei
180° C ca. 35 Minuten backen,
herausnehmen und auskühlen
lassen.

4. Den Kuchen in kleine gleich
große Quadrate schneiden, beliebig mit Marmelade oder verschie-
denen Cremes zusammensetzen
und mit Schokoladenglasur überziehen.

5. Die Marzipanrohmasse mit den
Zuckerfarben einfärben und verschiedene Verzierungen formen.
Die kleinen Quader damit dekorieren und mit dem Zuckerwerk
ausgarnieren.

Zutaten:

Für den Teig:
100 g Zucker
200 g Butter
300 g Mehl
1 Ei

Für die Dekoration:
Band zum Auffädeln
100 g Puderzucker
2 EL Zitronensaft
verschiedene bunte
Zuckergussdekorationen

Zubereitung:

1. Das Mehl auf die Arbeitsfläche sieben, eine Mulde in das Mehl drücken und den Zucker darüber streuen. Das Ei aufschlagen und in die Mulde geben. Die Butter in Stücke schneiden und auf dem Mehl verteilen. Alle Zutaten zu einem glatten Teig verkneten. Den Teig in Frischhaltefolie einpacken und im Kühlschrank ca. eine Stunde ruhen lassen.

2. Ein Backblech mit Backpapier auslegen. Den Teig auf einer bemehlten Arbeitsfläche dünn ausrollen und verschiedene Formen ausstechen. Im vorgeheizten Backofen bei 170° C ca. 15 Minuten backen, anschließend herausnehmen und auskühlen lassen.

3. Den Puderzucker mit dem Zitronensaft verrühren, die Kekse damit bestreichen und mit den bunten Dekorationen bestreuen.

4. In jeden Keks an einer geeigneten Stelle vorsichtig mit einer dicken Stricknadel ein Loch stechen und die Kekse auf ein buntes Band auffädeln.

Zutaten:

Für den Teig:
3 Eier
200 g Puderzucker
6 EL Kakao
500 g Kokosfett
2 Packungen Butterkekse

Für die Dekoration:
bunte Zuckerdekoration

Zubereitung:

1. Eine Kastenform mit Frischhaltefolie oder Alufolie auslegen. Die Eier mit dem Puderzucker und dem Kakao aufschlagen.

2. Das Kokosfett auf dem Herd schmelzen und abkühlen lassen, bis es nur noch handwarm ist. Das Fett langsam unter die Schokoladenmasse rühren.

3. Abwechselnd Schokoladenmasse und Kekse in die Form schichten. Den Kuchen im Kühlschrank fest werden lassen.

4. Den Kuchen aus der Form stürzen und mit Zuckerdekoration bestreuen.

Zutaten:

Für die Baisermasse:
4 Eiweiß
1 Prise Salz
200 g Zucker

Für die Dekoration:
silberne Zuckerperlen

Zubereitung:

1. Das Eiweiß mit dem Salz zu steifem Eischnee schlagen, nach und nach den Zucker dazugeben und so lange rühren, bis eine glänzende Masse entsteht.

2. Den Backofen auf 150° C vorheizen. Die Baisermasse in einen Spritzbeutel mit Sterntülle füllen und auf ein mit Backpapier belegtes Blech Muscheln spritzen.

3. Die Muscheln in den Ofen schieben, die Temperatur auf 80° C reduzieren und die Baisers ca. vier Stunden trocknen (nicht backen!) lassen.

4. Das Gebäck aus dem Ofen nehmen, abkühlen lassen und mit den Zuckerperlen dekorieren.

Zutaten:

Für den Teig:
150 g Butter
150 g Zucker
1 Päckchen Vanillezucker
4 Eier
250 g Mehl
125 ml lauwarmes Wasser
100 g gemahlene Mandeln

Für die Füllung:
1 Packung Paradiescreme

Für die Dekoration:
Schokoladenraspel
Krokant
bunte Zuckerdekorationen

Zubereitung:

1. Die Butter, den Zucker und den Vanillezucker schaumig rühren. Die Eier zugeben und abwechselnd Mehl und Wasser darunter rühren, bis ein flüssiger Teig entstanden ist.

2. Die Mandeln in den Teig einrühren. Den Oblateneinsatz in das Waffeleisen geben, auf die richtige Temperatur erhitzen und den Teig mit einem Löffel auf dem Einsatz verteilen. Den Deckel schließen.

3. Wenn die Oblaten fertig sind, noch im heißen Eisen zu Hörnchen formen, in einen Glaskelch stellen und abkühlen lassen.

4. Die Paradiescreme nach Packungsanweisung herstellen, in einen Spritzbeutel mit Sterntülle geben und die Hörnchen damit befüllen. Mit Schokoraspeln, Krokant und Zuckerdekorationen bestreuen und im Tiefkühler gefrieren.

Drachenzähne

Zutaten:

1 Packung Blätterteig
1 Ei

Für die Creme:
Saft von 3 Zitronen
250 ml Wasser
80 g Zucker
2 Eigelb
2 EL Speisestärke
2 Eiweiß

Für die Dekoration:
Puderzucker
30 g Kuvertüre
8 Waffelröllchen

Zubereitung:

1. Den Blätterteig ausrollen, vier große und vier kleine Rechtecke ausschneiden. Ein Backblech mit Backpapier auslegen und die Blätterteigteile darauf geben. Das Ei aufschlagen, mit einer Gabel verquirlen, den Blätterteig damit einpinseln. Im vorgeheizten Backofen bei 180° C ca. 15 Minuten goldbraun backen, herausnehmen und auskühlen lassen.

2. Den Zitronensaft mit dem Wasser und dem Zucker aufkochen. Die Eigelbe mit 2 EL Wasser und der Stärke glatt rühren und in das kochende Zitronenwasser geben, einmal aufkochen. Den Topf vom Herd nehmen und ca. 10 Minuten auskühlen lassen. Das Eiweiß zu steifem Schnee schlagen und unter die Zitronenmasse rühren.

3. Die Kuvertüre im Wasserbad schmelzen. Die großen Blätterteigrechtecke aufschneiden und mit der kalten Zitronencreme füllen. Mit Puderzucker und Kuvertüre dekorieren und mit den kleinen Blätterteigrechtecken und den Waffelröllchen zu Bettchen ausgarnieren.

Zutaten:

Für den Teig:
4 Eier
300 g Butter
300 g Zucker
200 g Mehl
150 g geriebene Haselnüsse

Für die Dekoration:
100 g Puderzucker
2 EL Zitronensaft
200 g Marzipanrohmasse
60 g gemahlene Pistazien
2 EL Sahne
1 Blatt Esspapier
Schokoladen-Marienkäfer
bunte Zuckerschrift

Zubereitung:

1. Die Eier trennen und das Eiweiß zu steifem Schnee schlagen. Die Butter mit dem Rührgerät schaumig rühren. Den Zucker dazugeben, nach und nach die Eigelbe hinzufügen, mit dem Mehl und den Nüssen vermischen.

2. Den Eischnee darunter heben. Eine Herzform ausfetten und bemehlen, den Teig einfüllen und im vorgeheizten Backofen bei 180° C ca. eine Stunde backen. Anschließend herausnehmen und auskühlen lassen.

3. Den Puderzucker mit dem Zitronensaft verrühren und den Kuchen damit bestreichen. Die Marzipanrohmasse mit den Pistazien und der Sahne zu einer Creme verarbeiten.

4. In einen Spritzbeutel füllen und Rosetten auf den Kuchen spritzen. Das Esspapier beliebig beschriften, auf den Kuchen legen und mit den Marienkäfern dekorieren.

Zutaten:

1 Packung Blätterteig
(TK-Produkt)

Für die Füllung:
250 ml Sahne
1 Päckchen Vanillezucker
1 Päckchen Sahnesteif
500 g frische Früchte,
z. B. Erdbeeren, Blaubeeren,
Kirschen usw.

Für die Dekoration:
Puderzucker

Zubereitung:

1. Den Blätterteig auftauen und auslegen und mit einer Tasse ca. 10 cm große Kreise ausstechen. Die Kreise halbieren und auf ein Backblech legen. Den Blätterteig ein paar Mal mit der Gabel einstechen und im vorgeheizten Backofen bei 180° C ca. 15 Minuten backen, herausnehmen und auskühlen lassen.

2. Die Früchte putzen und zerkleinern. Die Sahne mit dem Vanillezucker und dem Sahnesteif steif schlagen.

3. Den Blätterteig aufschneiden, die Sahne in eine Hälfte des aufgeschnittenen Blätterteigs spritzen, die Früchte darauf geben, den Deckel aufsetzen und mit Puderzucker bestreuen.

Zutaten:

Für den Teig:
600 g Mehl
1 Packung Trockenhefe
170 ml Milch
4 Eigelb
1 Ei
150 g Butter
80 g Zucker
1 Prise Salz
Schale einer Zitrone
1 Ei zum Bestreichen

Für die Dekoration:
Rosinen
Puderzucker

Zubereitung:

1. Die Butter mit der Milch in einen Topf geben und schmelzen. Das Mehl mit der Hefe, der Zitronenschale und dem Salz vermischen, mit den restlichen Zutaten zu einem glatten Teig verarbeiten, in einer Schüssel ca. eine Stunde gehen lassen.

2. Den Teig auf einer bemehlten Arbeitsfläche ausrollen, zwei Kreise ausstechen. Aus dem restlichen Teig Haare, Nasen und den Mehlsack formen, die Gesichter mit Rosinen belegen und nochmals 30 Minuten gehen lassen.

3. Die Teigteile mit Ei bestreichen und im vorgeheizten Backofen bei 180° C ca. 30 Minuten backen, herausnehmen und auskühlen lassen.

4. Den Sack mit Puderzucker bestreuen.

Zutaten:

Für den Teig:
6 Eier
175 g Zucker
150 g Mehl
90 g Butter

Für die Füllung:
250 g Milchreis
1 Liter Milch
50 g Zucker
1 Glas Kirschen

Für die Dekoration:
250 g Quark
3 EL Puderzucker
1 EL Zitronensaft
1 Packung roter Tortenguss
1 Becher Sahne
frische Kirschen

Zubereitung:

1. Die Eier trennen und das Eiweiß zu steifem Schnee schlagen. Die Butter in einem Topf schmelzen und vom Herd nehmen. Die Eigelbe mit dem Zucker im heißen Wasserbad cremig aufschlagen.

2. Die Eimasse aus dem Wasserbad nehmen, das Mehl darüber sieben, die Butter dazugeben und alles miteinander vermischen. Den Eischnee unterheben. Den Teig in eine gefettete und bemehlte Form füllen, im vorgeheizten Backofen bei 180° C ca. 45 Minuten backen, aus der Form nehmen und auskühlen lassen.

3. Die Milch in einem Topf aufkochen, den Reis und den Zucker dazugeben, bei kleiner Hitze ca. 30 Minuten quellen lassen.

4. Die Kirschen durch ein Sieb abschütten, den Kirschsaft in einer Schüssel auffangen. Den Milchreis mit den Kirschen mischen.

5. Den Tortenboden quer durchschneiden. Die Milchreismasse auf dem unteren Tortenboden verteilen, den zweiten Boden darauf setzen.

6. Den Quark mit dem Zucker und dem Zitronensaft verrühren, den Kuchen damit bestreichen und im Kühlschrank ca. eine Stunde ruhen lassen.

7. Den Tortenguss nach Packungsanweisung mit dem Kirschsaft zubereiten und über die Torte gießen. Mit steif geschlagener Sahne und frischen Kirschen dekorieren.

Zutaten:

Für den Teig:
6 Eier
175 g Zucker
150 g Mehl
90 g Butter

Für die Füllung:
300 g Quark
1 Becher Sahne
6 Blatt Gelatine
50 g Zucker
2 Eigelb
500 g Erdbeeren

Für die Dekoration:
einige Erdbeeren zur Seite legen
200 g Quark
2 EL Puderzucker
1 EL Zitronensaft
50 g Pistazien
1 Becher Sahne
1 Packung grüne Götterspeise
Gänseblümchenköpfe
Zitronenmelisseblätter

Zubereitung:

1. Die Eier trennen und das Eiweiß zu steifem Schnee schlagen. Die Butter in einem Topf schmelzen und vom Herd nehmen. Die Eigelbe mit dem Zucker im heißen Wasserbad cremig aufschlagen. Die Eimasse aus dem Wasserbad nehmen, das Mehl darüber sieben, die Butter dazugeben und alles miteinander vermischen. Den Eischnee unterheben. Den Teig in eine gefettete und bemehlte Form füllen, im vorgeheizten Backofen bei 180° C ca. 45 Minuten backen, aus der Form nehmen und auskühlen lassen.

2. Die Gelatine in kaltem Wasser einweichen. Die Erdbeeren waschen (davon einige für die Dekoration zur Seite legen) und in kleine Stücke schneiden. Die Gelatine ausdrücken und in einem Topf auflösen, mit dem Quark, Zucker und den Eigelben verrühren. Die Sahne steif schlagen und unterheben.

3. Den Tortenboden quer durchschneiden, in eine Springform legen, mit den Erdbeerstücken belegen. Die Quarkmasse darauf verteilen, den zweiten Boden darauf setzen. Die Torte für zwei Stunden in den Kühlschrank stellen. Die Götterspeise nach Packungsanweisung zubereiten und in kleine Würfel schneiden.

4. Den Quark mit Puderzucker und Zitronensaft vermischen, die Torte damit bestreichen. Die Pistazien zerhacken und den Tortenrand damit bestreuen. Den Wichteltraum mit der steif geschlagenen Sahne und den übrigen Zutaten dekorieren.

Zutaten:

Für den Teig:
600 g Mehl
1 Packung Trockenhefe
170 ml Milch
4 Eigelb
1 Ei
150 g Butter
80 g Zucker
1 Prise Salz
Schale einer Zitrone
1 Ei zum Bestreichen

Für die Dekoration:
Hagelzucker

Zubereitung:

1. Die Butter mit der Milch in einen Topf geben und schmelzen. Das Mehl mit der Hefe, der Zitronenschale und dem Salz vermischen, mit den restlichen Zutaten zu einem glatten Teig verarbeiten, in einer Schüssel ca. eine Stunde gehen lassen.

2. Den Teig auf einer bemehlten Arbeitsfläche durchkneten, in drei Teile schneiden. Aus den Teilen ca. 2 cm dicke und 30 cm lange Stränge formen und einen Zopf daraus flechten, auf ein mit Backpapier belegtes Blech legen.

3. Ca. 30 Minuten zugedeckt gehen lassen. Das Ei aufschlagen, mit einer Gabel verquirlen und den Teig damit bestreichen, mit Hagelzucker bestreuen.

4. Im vorgeheizten Backofen bei 180° C ca. 45 Minuten backen, vom Blech nehmen und auskühlen lassen.

Rapunzels Zopf

Zutaten:

Für den Teig:
250 g Mehl
1 Päckchen Backpulver
2 Eigelb
100 g Zucker
1 Prise Salz
abgeriebene Schale von einer
Zitrone
125 g Butter
2 Eiweiß
50 g Zucker
100 g gemahlene Mandeln
100 g ganze Nüsse

Für die Dekoration:
Puderzucker

Zubereitung:

1. Das Mehl und das Backpulver vermischen und mit dem Eigelb, dem Zucker, dem Salz, der Zitronenschale und der Butter einen Teig kneten. Den Teig im Kühlschrank ca. 30 Minuten ruhen lassen.

2. Das Eiweiß mit dem Zucker steif schlagen und die Mandeln unterheben.

3. Eine Arbeitsfläche mit Mehl bestäuben, den Teig aus dem Kühlschrank nehmen, ca. 5 mm dick ausrollen und Plätzchen von ca. 4 cm Durchmesser ausstechen. Auf die Mitte jeweils etwas Mandelmasse setzen. Die Ränder zu einem Dreispitz zusammendrücken, auf die Mitte eine Nuss setzen.

4. Ein Backblech mit Backpapier auslegen, die Nuggets darauf setzen und im vorgeheizten Backofen bei 200° C ca. 10 Minuten backen.

5. Die Plätzchen herausnehmen, erkalten lassen und mit Zuckerguss verzieren.

50

Goldnuggets

Zutaten:

Für den Teig:
125 g Mehl
40 g Speisestärke
125 g Butter
4 Eier
1 Prise Salz
1/4 l Wasser

Für die Dekoration:
150 g Zucker

Zubereitung:

1. Das Wasser in einem größeren Topf aufkochen und salzen. Die Butter zufügen und im Wasser schmelzen. Das Mehl auf einmal in das Wasser schütten und dabei ständig rühren, es dürfen sich keine Klümpchen bilden.

2. Den Teigkloß noch ca. zwei Minuten auf allen Seiten abbrennen und dabei ständig rühren. Den Topf vom Herd nehmen und ca. fünf Minuten auskühlen lassen.

3. Den Teigkloß in eine Rührschüssel geben, nach und nach die Eier einzeln unterrühren. Ein Backblech fetten oder mit Backpapier auslegen, die Teigmasse in einen Spritzbeutel füllen und kleine Kugeln spritzen. Die Windbeutel im vorgeheizten Backofen bei 180° C ca. 15 Minuten backen. Aus dem Ofen nehmen und abkühlen lassen.

4. Den Zucker in einen Topf geben, erhitzen und so lange rühren, bis er geschmolzen ist. Die Brandteigkugeln auf einen Holzspieß stecken und in den karamellisierten Zucker tauchen. (Vorsicht, der Zucker ist sehr heiß!)

5. Die in Zucker getauchten Kugeln zu einem Berg aufschichten. Den restlichen Zucker noch einmal erwärmen, mit einer Gabel Fäden herausziehen und den Berg damit einspinnen.

Zutaten:

Für den Teig:
400 g fein geriebene Karotten
100 g Butter
6 Eier
150 g Zucker
150 g Mehl
100 g gemahlene Mandeln

Für die Dekoration:
100 g Zartbitter-Kuvertüre
150 g Puderzucker
2 EL Zitronensaft
Zuckerfarbe (orange)
1 Packung grüne saure
Schnürsenkel

Zubereitung:

1. Die Eier trennen und das Ei-weiß zu steifem Schnee schlagen. Die Butter mit dem Rührgerät schaumig rühren, den Zucker dazugeben, nach und nach die Eigelbe einarbeiten. Das Mehl, die Mandeln und die Karotten unterrühren, den Einschnee dar-unter heben.

2. Ein Backblech mit Backpapier auslegen und den Teig darauf ver-streichen. Im vorgeheizten Back-ofen bei 180° C ca. 40 Minuten backen, herausnehmen und aus-kühlen lassen.

3. Aus Papier fünf verschieden große Schablonen in Karotten-form schneiden, auf den Kuchen legen und mit einem scharfen Messer ausschneiden.

4. Die Kuvertüre im Wasserbad schmelzen, die Kuchenteile mit der Kuvertüre bestreichen und zusammensetzen.

5. Den Puderzucker mit dem Zitronensaft und der Zuckerfarbe vermischen, die Karotte mit dem Zuckerguss bestreichen, auf eine Kuchenplatte legen und mit den sauren Schnürsenkeln dekorieren.

Zutaten:

Für den Teig:
6 Eier
175 g Zucker
150 g Mehl
90 g Butter
1 Prise Salz

Für die Füllung:
Aprikosenmarmelade

Für die Dekoration:
Lakritz
Schokoröllchen
Puderzucker

Zubereitung:

1. Die Eier trennen und das Ei-weiß mit dem Salz zu steifem Schnee schlagen. Die Butter in einem Topf schmelzen und vom Herd nehmen. Die Eigelbe mit dem Zucker im heißen Wasserbad cremig aufschlagen.

2. Die Eimasse aus dem Wasser-bad nehmen, das Mehl darüber sieben, die Butter dazugeben und alles miteinander vermischen. Den Eischnee unterheben. Den Teig auf ein mit Backpapier ausge-legtes Backblech streichen, im vor-geheizten Backofen bei 180° C ca. 20 Minuten backen.

3. Den Biskuit auf ein mit Puder-zucker bestreutes Tuch stürzen, das Backpapier ablösen, den Kuchen von zwei Seiten zusam-menrollen und auskühlen lassen.

4. Nach dem Abkühlen den Kuchen ausrollen, mit Aprikosen-marmelade bestreichen und wie-der zusammenrollen. In ca. 5 cm breite Stücke schneiden und diese mit Lakritz, Schokoröllchen und Puderzucker jeweils zu einem Schlitten dekorieren.

Wichtelschlitten

Zutaten:

Für den Teig:
500 g Mehl
30 g Hefe
60 g Zucker
250 ml Milch
50 g Butter
1 Zitrone
4 Eier
100 g Rosinen
1 Prise Salz

Außerdem:
Backfett zum Frittieren

Zubereitung:

1. Die Milch handwarm erhitzen und die Hefe und den Zucker einrühren, ca. 10 Minuten gehen lassen. Aus dem Mehl, der Milch-Hefe-Mischung, der Butter, den Eiern und den Rosinen sowie einer Prise Salz einen Hefeteig herstellen.

2. Von der Zitrone die Schale abreiben, unter den Teig kneten und diesen 30 Minuten zugedeckt gehen lassen.

3. Mit einem Teelöffel Teigstücke ausstechen und in das heiße Fett gleiten lassen. Die daraus entstehenden Figuren sind unsere Wichtelmonster. Sie werden überrascht sein, welch unterschiedliche Formen daraus entstehen, lassen Sie der Fantasie Ihrer Kinder freien Lauf.

Monster im Wichtelland

Zutaten:

Für den Teig:
6 Eier
175 g Zucker
150 g Mehl
90 g Butter
100 g gemahlene Mandeln

Für die Dekoration:
200 g Quark
2 EL Puderzucker
1 EL Zitronensaft
200 g Marzipanrohmasse
bunte Zuckerdekoration

Zubereitung:

1. Die Eier trennen und das Eiweiß zu steifem Schnee schlagen. Die Butter in einem Topf schmelzen und vom Herd nehmen.

2. Die Eigelbe mit dem Zucker im heißen Wasserbad cremig aufschlagen. Die Eimasse aus dem Wasserbad nehmen, das Mehl darüber sieben, die Mandeln und die Butter dazugeben und alles miteinander vermischen. Den Eischnee unterheben.

3. Den Teig in eine gefettete und bemehlte Form füllen, im vorgeheizten Backofen bei 180° C ca. 45 Minuten backen, herausnehmen und auskühlen lassen.

4. Den Kuchen mit einem scharfen Messer zu einem Mond schneiden.

5. Den Quark mit Puderzucker und Zitronensaft verrühren, den Kuchen damit bestreichen.

6. Die Marzipanrohmasse auf einer mit Puderzucker bestreuten Arbeitsfläche dünn ausrollen, einen Mond in der Größe des Kuchens ausschneiden, diesen damit belegen und mit der Zuckerdekoration bestreuen.

Zutaten:

Für den Teig:
125 g Mehl
40 g Speisestärke
125 g Butter
4 Eier
1 Prise Salz
1/4 l Wasser

Für die Füllung:
1/2 l Milch
5 Eigelb
100 g Zucker
30 g Speisestärke

Für die Dekoration:
Schokoladenglasur

Zubereitung:

1. Das Wasser in einem größeren Topf aufkochen und salzen. Die Butter zufügen und im Wasser schmelzen. Das Mehl auf einmal in das Wasser schütten und dabei ständig rühren, es dürfen sich keine Klümpchen bilden.

2. Den Teigkloß noch ca. zwei Minuten auf allen Seiten abbrennen und dabei ständig rühren. Den Topf vom Herd nehmen und ca. fünf Minuten auskühlen lassen.

3. Den Teigkloß in eine Rührschüssel geben, nach und nach die Eier einzeln unterrühren.

4. Ein Backblech fetten oder mit Backpapier auslegen, die Teigmasse in einen Spritzbeutel füllen und Kugeln spritzen. Die Windbeutel im vorgeheizten Backofen bei 180° C ca. 20 Minuten backen. Aus dem Ofen nehmen und abkühlen lassen.

5. Die Speisestärke mit 4 EL kalter Milch glatt rühren. Die Eigelbe mit der Hälfte des Zuckers in einer Schüssel cremig schlagen. Den Rest des Zuckers in einem Topf karamellisieren, mit der Milch aufgießen. Die Speisestärke und die Eimasse in die kochende Milch schütten und auf kleiner Flamme einmal aufwallen lassen.

6. Die Karamellcreme vom Herd nehmen, abkühlen lassen und in einen Spritzbeutel füllen. Die Windbeutel aufschneiden. Den unteren Teil der Windbeutel mit Karamellcreme füllen. Das Oberteil der Windbeutel darauf setzen und mit Schokoladenglasur dekorieren.

Zutaten:

Für den Teig:
6 Eier
175 g Zucker
150 g Mehl
90 g Butter
3 EL Kakaopulver

Für die Dekoration:
3 EL Johannisbeergelee
2 Eier
100 g Zucker
1 Prise Salz
250 g Butter
3 EL Kakaopulver
60 g Pinienkerne
2 Haselnüsse
1 Schokoladentaler

Zubereitung:

1. Die Eier trennen und das Eiweiß zu steifem Schnee schlagen. Die Butter in einem Topf schmelzen und vom Herd nehmen. Die Eigelbe mit dem Zucker im heißen Wasserbad cremig aufschlagen.

2. Die Eimasse aus dem Wasserbad nehmen, das Mehl und den Kakao darüber sieben, die Butter dazugeben und alles miteinander vermischen. Den Eischnee unter-

heben. Den Teig auf ein gefettetes und bemehltes Blech streichen, im vorgeheizten Backofen bei 180° C ca. 45 Minuten backen, herausnehmen und auskühlen lassen.

3. Aus Papier vier verschieden große Schablonen in Igelform schneiden, auf den Kuchen legen und mit einem scharfen Messer ausschneiden. Die Kuchenteile mit dem Johannisbeergelee bestreichen und zusammensetzen.

4. Die Butter in eine Schüssel geben und so lange schlagen, bis sie weiß ist (mindestens 15 Minuten). Die Eier in eine zweite Schüssel geben, mit dem Rührgerät aufschlagen. Den Zucker einrühren und die Eimasse im heißen Wasserbad rühren, bis sie cremig ist, aus dem Wasserbad nehmen und kaltschlagen. Die Butter mit der Eimasse und dem Kakao verrühren, den Igel damit bestreichen.

5. Die Pinienkerne in einer Pfanne rösten, abkühlen lassen.

6. Den Kuchen mit den Haselnüssen, den Pinienkernen und dem Schokoladentaler dekorieren.

Zutaten:

Für den Teig:
6 Eier
140 g Butter
200 g Zucker
3 Päckchen Vanillezucker
100 g Mehl
1/2 Päckchen Backpulver
100 g Schokoraspel

Für die Füllung:
2 Bananen
500 g Schlagsahne
2 Päckchen Sahnefestiger

Für die Dekoration:
Schokoraspel

Zubereitung:

1. Die Eier trennen. Fett, Zucker und ein Päckchen Vanillezucker cremig rühren. Die Eigelbe einzeln unterrühren. Mehl, Backpulver und Schokoraspel mischen und unterrühren. Das Eiweiß steif schlagen und unterheben.

2. Den Teig in eine gefettete Springform füllen. Im vorgeheizten Backofen bei 180° C ca. 45 Minuten backen, herausnehmen und auskühlen lassen.

3. Den Tortenboden bis auf einen ca. 1 cm breiten Rand mit einem Löffel aushöhlen. Das Kucheninnere zerbröseln. Die Bananen schälen, in Scheiben schneiden und auf dem Kuchenboden verteilen.

4. Die Sahne mit zwei Päckchen Vanillezucker und Sahnefestiger steif schlagen. Kuppelartig auf die Früchte häufen. Anschließend mit den Kuchenbröseln und zum Schluss mit Schokoraspeln bestreuen. Kühl stellen.

Maulwurfhügel

Zutaten:

Für den Teig:
6 Eier
175 g Zucker
150 g Mehl
90 g Butter
3 EL Kakaopulver
1 Prise Salz

Für den Belag:
1 Packung Vanille-
puddingpulver
1/2 l Milch
40 g Zucker
2 Bananen
1 Packung grüne Götterspeise

Für die Dekoration:
Raffaellos

Zubereitung:

1. Die Eier trennen und das Eiweiß mit dem Salz zu steifem
Schnee schlagen. Die Butter in
einem Topf schmelzen und vom
Herd nehmen. Die Eigelbe mit
dem Zucker im heißen Wasserbad
cremig aufschlagen.

2. Die Eimasse aus dem Wasserbad nehmen, das Mehl und den
Kakao darüber sieben, die Butter
dazugeben und alles miteinander
vermischen. Den Eischnee unterheben.

3. Den Teig in eine gefettete und
bemehlte Springform füllen, im
vorgeheizten Backofen bei 180° C
ca. 40 Minuten backen, herausnehmen und auskühlen lassen.

4. Den Kuchen oben glatt schneiden und in eine Springform legen.
Aus dem Vanillepuddingpulver,
der Milch und dem Zucker einen
Pudding nach Packungsanweisung herstellen und auf dem Tortenboden verteilen.

5. Die Bananen schälen, in
dünne Scheiben schneiden und
den Pudding gleichmäßig damit
belegen. Die grüne Götterspeise
nach Packungsanweisung herstellen und über die Torte gießen. Die
Torte im Kühlschrank erkalten lassen und mit Raffaellos verzieren.

Affentorte

Zutaten:

Für den Teig:
225 ml Milch
100 g Butter
1 Päckchen Vanillezucker
500 g Mehl
1 TL Zucker
42 g Hefe
Salz

Außerdem:
Fett zum Ausbacken

Für die Dekoration:
Puderzucker
Zitronensaft
Zuckerfarbe
Zuckerdekoration

Zubereitung:

1. Die Hälfte der Milch erwärmen, den Zucker und die Hefe hineingeben und etwas gehen lassen. Das Mehl mit dem Vanillezucker, der Butter und der restlichen Milch in eine Schüssel geben. Die Hefemischung dazuschütten und alles zu einem Teig verarbeiten.

2. Den Teig an einem warmen Ort ca. eine Stunde gehen lassen, nochmals durchkneten und etwa 2 cm dick ausrollen. Ca. 10 cm große Kreise ausstechen, mit einem kleinen runden Gegenstand in der Mitte ein Loch ausstechen, (Dieser ausgestochene Teig wird das Licht des Leuchtturms.)

3. Die Donuts auf ein mit Backpapier ausgelegtes Backblech geben und nochmals 10 Minuten gehen lassen.

4. Reichlich Fett in einem Topf auf ca. 150° C erhitzen und die Donuts goldbraun ausbacken. Mit einem Schaumlöffel herausnehmen und auf Küchenkrepp kurz entfetten.

5. Wenn die Donuts erkaltet sind, aus Puderzucker und etwas Zitronensaft einen Zuckerguss herstellen und einen Teil der Donuts damit bestreichen.

6. Den restlichen Zuckerguss mit Zuckerfarbe einfärben und die übrigen Donuts ebenfalls damit bestreichen.

7. Die glasierten Donuts zu einem Leuchtturm aufeinander setzen und dekorieren.

Zutaten:

Für den Teig:
50 g Zucker
100 g Butter
150 g Mehl
1 Eigelb
1 EL Kakao

Für die Füllung:
500 g Quark
200 g Zucker
abgeriebene Schale
einer Zitrone
2 EL Speisestärke
7 Eigelb
7 Eiweiß
50 g Butter

Für die Dekoration:
300 g gemischte Früchte, z. B.
Kiwis, Kirschen, Erdbeeren,
Melonen, Trauben,
Sternfrucht usw.
Puderzucker
1 Packung klarer Tortenguss

Zubereitung:

1. Das Mehl auf die Arbeitsfläche sieben, eine Mulde in das Mehl drücken, den Zucker und den Kakao darüber streuen.

2. Das Eigelb in die Mulde geben. Die Butter in Stücke schneiden und auf dem Mehl verteilen. Alle Zutaten zu einem glatten Teig verkneten. Den Teig in Frischhaltefolie einpacken und im Kühlschrank ca. eine Stunde ruhen lassen.

3. Die Butter in einem Topf schmelzen. Den Quark mit 150 g Zucker, Zitronenschale, Stärke und Eigelb verrühren. Das Eiweiß mit dem restlichen Zucker zu steifem Schnee schlagen. Dann die zerlassene Butter und zum Schluss den Eischnee unter die Quarkmasse heben.

4. Eine eingefettete und bemehlte Springform mit dem Mürbteig auskleiden, es sollte ein ca. 4 cm hoher Rand entstehen. Die Quarkmasse auf dem Mürbteig verteilen, im Backofen bei 180° C ca. 50 Minuten backen, herausnehmen und auskühlen lassen.

5. Die Früchte waschen und in mundgerechte Stücke schneiden, den Kuchen damit dekorieren. Den Tortenguss nach Packungsanweisung herstellen und über die Früchte verteilen. Den Kuchenrand mit Puderzucker bestreuen.

Kunterbunter Wichtelschmaus

Zutaten:

Für den Teig:
2 Eier
150 g Butter
150 g Zucker
150 g Speisestärke

Für die Baisermasse:
2 Eiweiß
1 Prise Salz
100 g Zucker

Für die Dekoration:
weiße Kuvertüre
Smarties
Schokoladendekoration
(Buchstaben und Zahlen)

Zubereitung:

1. Die Eier trennen und aus dem Eiweiß steifen Schnee schlagen. Mit einem Rührgerät die Butter schaumig rühren und den Zucker unterheben.

2. Die Eigelbe in die Buttermasse geben und zu einer dicken Creme aufschlagen. Die Speisestärke darüber sieben, unterrühren und anschließend den Eischnee darunter heben.

3. Den Teig in eine viereckige, gefettete und bemehlte Backform füllen und im vorgeheizten Backofen bei 180° C ca. 30 Minuten backen.

4. Den Kuchen aus der Form nehmen und auf ein Backblech legen. Das Eiweiß mit dem Salz zu steifem Eischnee schlagen, nach und nach den Zucker dazugeben und so lange rühren, bis eine glänzende Masse entsteht.

5. In einen Spritzbeutel mit Sterntülle füllen und auf den Rand des Kuchens spritzen.

6. Den Kuchen nochmals in den Ofen schieben, bis die Baisermasse leicht gebräunt ist, aus dem Ofen nehmen und abkühlen lassen.

7. Die Kuvertüre schmelzen und auf dem Kuchen verteilen. Mit Smarties und Schokoladenbuchstaben und -zahlen dekorieren.

Zutaten:

Für den Teig:
100 g Butter
100 g Zucker
1 Päckchen Vanillezucker
3 Eier
125 g Mehl
1 TL Backpulver
50 ml Milch
1 EL Butter
3 EL Semmelbrösel

Für den Belag:
Weintrauben
Himbeeren
1 Ananasscheibe
1 Brombeere
1 Packung klarer Tortenguss

Zubereitung:

1. Die Butter mit dem Zucker und dem Vanillezucker schaumig schlagen. Anschließend die Eier einzeln einarbeiten.

2. Das Mehl mit dem Backpulver und der Milch abwechselnd in die Eimasse einrühren.

3. Den Teig in eine gefettete und mit Semmelbröseln ausgestreute Obstkuchenform füllen und im vorgeheizten Backofen bei 180° C ca. 25 Minuten backen. Den Kuchen aus dem Ofen nehmen und abkühlen lassen.

4. Die Früchte waschen, die Trauben halbieren und entkernen. Den Tortenboden kreisförmig mit den Früchten belegen, so dass eine Zielscheibe entsteht.

5. Den Tortenguss nach Packungsanweisung herstellen, über die Früchte gießen und erstarren lassen.

Zutaten:

Für den Teig:
50 g Zucker
100 g Butter
150 g Mehl
1 Ei

Für den Belag:
500 g Quark
100 g Zucker
200 ml Sahne
6 Blätter Gelatine

Für die Dekoration:
Erdbeeren
Brombeeren
200 ml Sahne
3 Blätter Gelatine
6 EL Zucker

Zubereitung:

1. Das Mehl auf die Arbeitsfläche sieben, eine Mulde in das Mehl drücken und den Zucker darüber streuen. Das Ei aufschlagen und in die Mulde geben.

2. Die Butter in Stücke schneiden und auf dem Mehl verteilen. Alle Zutaten zu einem glatten Teig verkneten. Den Teig in Frischhaltefolie einpacken und im Kühlschrank ca. eine Stunde ruhen lassen.

3. Den Teig ausrollen und in eine gefettete Springform legen. Mit einer Gabel mehrmals einstechen und im vorgeheizten Backofen bei 180° C ca. 15 Minuten backen, herausnehmen und auskühlen lassen.

4. Die Gelatine für den Belag in kaltem Wasser einweichen. Die Sahne steif schlagen. Den Quark mit dem Zucker glatt rühren.

5. Die Gelatine ausdrücken, in einem Topf auflösen, mit der Sahne unter die Quarkmasse heben und auf dem Mürbteigboden gleichmäßig verteilen. Den Kuchen im Kühlschrank fest werden lassen.

6. Die Gelatine für die Dekoration in kaltem Wasser einweichen. Die Sahne mit 2 EL Zucker steif schlagen. Die Erdbeeren und Brombeeren mit jeweils 2 EL Zucker pürieren. Die Gelatine ausdrücken und in einem Topf auflösen.

7. Je ein Drittel der Gelatine in die Dekorationsmassen einrühren. Mit einem Löffel die Fruchtmassen und die Sahne auf der Torte so verteilen, dass ein „Gewittersturm" entsteht.

Schlechtwetterkuchen

Zutaten:

Für den Teig:
6 Eier, 175 g Zucker
150 g Mehl, 90 g Butter

Für die Füllung:
2 Eier, 100 g Zucker
1 Prise Salz, 250 g Butter
3 EL Kakao, 200 g Erdbeeren

Für die Dekoration:
100 g Marzipanrohmasse
rote Speisefarbe
Schokotaler, Schokostäbchen,
kleine Marienkäfer
Schokoladenglasur

Zubereitung:

1. Die Eier trennen und das Eiweiß mit dem Salz zu steifem Schnee schlagen. Die Butter in einem Topf schmelzen und vom Herd nehmen. Die Eigelbe mit dem Zucker im heißen Wasserbad cremig aufschlagen. Die Eimasse aus dem Wasserbad nehmen, das Mehl darüber sieben, die Butter dazugeben und alles miteinander vermischen. Den Eischnee unterheben. Den Teig in eine gefettete und bemehlte Springform füllen, im vorgeheizten Backofen bei 180° C ca. 45 Minuten backen, herausnehmen und auskühlen lassen.

2. Die Butter in eine Schüssel geben und so lange schlagen, bis sie weiß ist (mindestens 15 Minuten). Die Eier in eine zweite Schüssel geben, mit dem Handrührgerät aufschlagen. Den Zucker einrühren und die Eimasse im heißen Wasserbad rühren, bis sie cremig ist, aus dem Wasserbad nehmen und kaltschlagen. Die Butter mit der Eimasse und dem Kakao verrühren.

3. Den Biskuit quer in drei gleiche Böden schneiden, den untersten Boden mit etwas Buttercreme bestreichen, den zweiten Boden darauf setzen. Auf diesem Boden die Erdbeeren verteilen und mit dem Rest der Buttercreme auffüllen.
Den letzten Boden bis zur Mitte einschneiden und so auf die Erdbeeren legen, dass eine Kuppel entsteht.

4. Das Marzipan mit etwas roter Speisefarbe vermischen und ausrollen. Die Marzipanplatte auf die Kuchenrundung legen und daraus die Oberseite des Marienkäfers formen. Gesicht und Mittelstrich mit Schokoladenglasur zeichnen. Aus den Schokostäbchen und Schokotalern die Fühler und Punkte setzen.

Zutaten:

Für den Teig:
100 g Butter
100 g Zucker
1 Päckchen Vanillezucker
3 Eier
125 g Mehl
1 TL Backpulver
50 ml Milch

Für den Belag:
1 Dose Pfirsiche
300 g Frischkäse
50 ml Sahne
4 EL Zucker
Saft einer Zitrone

Für die Dekoration:
Marzipanrohmasse
Raffaellos
Lakritze
Zuckerfarbe
bunte Zuckerdekoration
Kokosflocken

Zubereitung:

1. Die Butter mit dem Zucker und dem Vanillezucker schaumig schlagen. Anschließend die Eier einzeln einarbeiten. Das Mehl mit dem Backpulver und der Milch abwechselnd in die Eimasse einrühren.

2. Den Teig in eine gefettete und bemehlte Springform füllen und im vorgeheizten Backofen bei 180° C ca. 25 Minuten backen. Den Kuchen aus dem Ofen nehmen und abkühlen lassen.

3. Die Pfirsiche abtropfen lassen, in Spalten schneiden und den Tortenboden damit belegen. Den Frischkäse mit der Sahne, dem Zucker und dem Zitronensaft verrühren. Die Käsemasse auf den Früchten und dem Tortenrand verstreichen und mit Kokosflocken bestreuen.

4. Einige Raffaellos pürieren, mit einem Teil der Marzipanrohmasse zu den Unterteilen der Schneemänner formen und in Kokosflocken wälzen. Als Köpfe werden ganze Raffaellos verwendet.

5. Das restliche Marzipan mit der Zuckerfarbe einfärben und daraus Hüte und Nasen formen. Die Schneemänner zusammensetzen und auf dem Kuchen platzieren. Mit den restlichen Zutaten ausgarnieren.

Zutaten:

400 g Kuchenreste
2 Eier
100 g Zucker
1 Prise Salz
250 g Butter
1 Packung runde Kekse

Für die Dekoration:
helle und dunkle
Schokoladenglasur

Zubereitung:

1. Die Kuchenreste zerbröseln. Die Butter in eine Schüssel geben und so lange schlagen, bis sie weiß ist (mindestens 15 Minuten). Die Eier in eine zweite Schüssel geben, mit dem Rührgerät aufschlagen.

2. Den Zucker einrühren und die Eimasse im heißen Wasserbad rühren, bis sie cremig ist, aus dem Wasserbad nehmen und kaltschlagen. Die Butter mit der Eimasse und den Kuchenbröseln verrühren.

3. Die so entstandene Masse auf den Keksen verteilen, zu einer Spitze formen und für ca. eine Stunde in den Kühlschrank stellen.

4. Die Schokoladenglasur schmelzen und das Backgeheimnis damit überziehen.

5. Sollten keine Kuchenreste vorhanden sein, können auch Kekse dafür verwendet werden.

Zutaten:

Für den Teig:
225 ml Milch
100 g Butter
1 Päckchen Vanillezucker
500 g Mehl
1 TL Zucker
42 g Hefe
Salz

Außerdem:
Fett zum Ausbacken

Für die Dekoration:
Puderzucker, Zitronensaft,
rote Zuckerfarbe,
Zuckerdekoration, Bananen

Zubereitung:

1. Die Hälfte der Milch erwärmen, den Zucker und die Hefe hineinrühren und etwas gehen lassen. Das Mehl mit dem Vanillezucker, der Butter und der restlichen Milch in eine Schüssel geben.

2. Die Hefemischung dazuschütten und alles zu einem Teig verarbeiten. Den Teig an einem warmen Ort ca. eine Stunde gehen lassen, nochmals durchkneten und etwa 2 cm dick ausrollen.

3. Ca. 10 cm große Kreise ausstechen, mit einem kleinen runden Gegenstand in der Mitte ein Loch ausstechen. Die Donuts auf ein mit Backpapier ausgelegtes Backblech geben und nochmals 10 Minuten gehen lassen.

4. Reichlich Fett in einem Topf auf ca. 150° C erhitzen und die Donuts goldbraun ausbacken. Mit einem Schaumlöffel herausnehmen und auf Küchenkrepp entfetten. Wenn die Donuts erkaltet sind, aus Puderzucker und etwas Zitronensaft einen Zuckerguss herstellen.

5. Einen Teil des Zuckergusses rot einfärben und auf den Donuts weiße und rote Striche zeichnen. Die Bananen schälen und auf die Donuts legen bzw. durch das Loch der Donuts stecken. Den Bananen lustige Gesichter aus Zuckerwerk geben.

Zutaten:

Für den Teig:
4 Eier
300 g Butter
300 g Zucker
300 g Mehl
1 Päckchen Vanillezucker
Schale einer Orange

Für die Dekoration:
bunte Zuckerschrift
verschiedene Zucker-
dekorationen
Waffelröllchen

Zubereitung:

1. Die Eier trennen und aus dem
Eiweiß steifen Schnee schlagen.
Mit einem Rührgerät die Butter
schaumig rühren, den Zucker mit
dem Vanillezucker und der Orangenschale unterheben.

2. Die Eigelbe in die Buttermasse
geben und zu einer dicken Creme
aufschlagen. Das Mehl darüber
sieben, unterrühren und anschließend das Eiweiß darunter
heben.

3. Den Teig in gefettete und bemehlte Sternförmchen füllen und
im vorgeheizten Backofen bei
180° C ca. 15 Minuten backen.
Aus dem Ofen nehmen und
abkühlen lassen.

4. Die kleinen Kuchen zu Blumen-
gesichtern dekorieren, aus den
Waffelröllchen werden die Blu-
menstiele hergestellt.

Zutaten:

Für den Teig:
50 g Zucker
100 g Butter
150 g Mehl
1 Ei

Für die Dekoration:
verschiedene Früchte
250 g Quark
50 g Zucker
2 EL Sahne
Schale einer Orange
buntes Esspapier
Holzspieße

Zubereitung:

1. Das Mehl auf die Arbeitsfläche sieben, eine Mulde in das Mehl drücken und den Zucker darüber streuen. Das Ei aufschlagen und in die Mulde geben.

2. Die Butter in Stücke schneiden und auf dem Mehl verteilen. Alle Zutaten zu einem glatten Teig verkneten. Den Teig in Frischhaltefolie einpacken und im Kühlschrank ca. eine Stunde ruhen lassen.

3. Den Teig auf einer bemehlten Arbeitsfläche ausrollen, auf die gebutterten Schiffchenformen legen und mit einem Nudelholz in die Formen drücken. Im vorgeheizten Backofen bei 180° C ca. 10 Minuten backen. Aus den Formen nehmen und abkühlen lassen.

4. Den Quark mit dem Zucker, der Sahne und der Orangenschale verrühren, in einen Spritzbeutel mit Sterntülle geben.
Die Schiffchen mit den Früchten befüllen und die Quarkmasse darauf spritzen.

5. Das Esspapier zu Segeln schneiden und mit den Holzspießen auf die Schiffchen stecken.

Zutaten:

Für den Teig:
3 Eier
90 g Zucker
80 g Mehl
40 g Butter
1 Prise Salz
50 g Schokotropfen

Für die Dekoration:
Johannisbeergelee
Krokant
weiße und dunkle Schokoraspel
Esspapier
Zuckerschrift
verschiedene Süßigkeiten

Zubereitung:

1. Die Eier trennen und das Eiweiß mit dem Salz zu steifem Schnee schlagen. Die Butter in einem Topf schmelzen und vom Herd nehmen. Die Eigelbe mit dem Zucker im heißen Wasserbad cremig aufschlagen.

2. Die Eimasse aus dem Wasserbad nehmen, das Mehl darüber sieben, die Butter und die Schokotropfen dazugeben und alles miteinander vermischen.

3. Den Eischnee unterheben. Den Teig in eine viereckige Backform geben, im vorgeheizten Backofen bei 180° C ca. 20 Minuten backen, herausnehmen und auskühlen lassen.

4. Den Kuchen mit Johannisbeergelee bestreichen, den Rand mit Krokant, die Oberfläche mit weißen und dunklen Schokoraspeln bestreuen. Das beschriftete Esspapier darauf legen und mit weiteren Süßigkeiten dekorieren.

Zutaten:

Für den Teig:
200 g Mehl
50 g Butter
3 EL Zucker

Für die Dekoration:
geschmolzene Schokolade
Zuckerguss
bunte Zuckerperlen

Zubereitung:

1. Aus Mehl, Butter, Zucker und etwas Wasser einen Teig herstellen und daraus ca. 30 cm lange, fingerdicke Stäbe formen.

2. Ein Backblech mit Backpapier auslegen, die Stäbe darauf legen und im vorgeheizten Backofen bei 180° C ca. 10 Minuten backen. Aus dem Ofen nehmen und auskühlen lassen.

3. Wenn die Stäbe erkaltet sind, sie an einem Ende in Schokolade und am anderen Ende in Zuckerguss tauchen. Beide Seiten jeweils mit Zuckerperlen bestreuen und die Schokolade und den Guss fest werden lassen.

Zutaten:

Für den Teig:
6 Eier
175 g Zucker
150 g Mehl
70 g gemahlene Pistazien
90 g Butter
1 Prise Salz

Für die Füllung:
Aprikosenmarmelade

Für die Dekoration:
Mohrenköpfe

Zubereitung:

1. Die Eier trennen und das Eiweiß mit dem Salz zu steifem Schnee schlagen. Die Butter in einem Topf schmelzen und vom Herd nehmen.

2. Die Eigelbe mit dem Zucker im heißen Wasserbad cremig aufschlagen. Die Eimasse aus dem Wasserbad nehmen, das Mehl darüber sieben, die Pistazien und die Butter dazugeben und alles miteinander vermischen.
Zuletzt den Eischnee unterheben.

3. Den Teig auf ein gefettetes Backblech streichen, im vorgeheizten Backofen bei 180° C ca. 20 Minuten backen, herausnehmen und auskühlen lassen.

4. Den Biskuit in zwei gleich große Rechtecke schneiden, beide Rechtecke mit Marmelade bestreichen und zusammensetzen.
Die Mohrenköpfe auf den Kuchen stellen.

Schleckerwald

Zutaten:

Für den Teig:
2 Eier
150 g Butter
150 g Zucker
150 g Speisestärke
2 Eiweiß
1 Prise Salz
100 g Zucker

Für die Dekoration:
100 g Puderzucker
2 EL Zitronensaft
rote Zuckerfarbe
Schokoladenglasur
buntes Marzipan
verschiedene bunte
Zuckerdekorationen

Zubereitung:

1. Die Eier trennen und aus dem Eiweiß steifen Schnee schlagen. Mit einem Rührgerät die Butter schaumig rühren und den Zucker unterheben. Die Eigelbe in die Buttermasse geben und zu einer dicken Creme aufschlagen. Die Speisestärke darüber sieben, unterrühren und anschließend den Eischnee darunter heben.

2. Den Teig in gefettete und bemehlte Herzförmchen füllen, im vorgeheizten Backofen bei 180° C ca. 25 Minuten backen, herausnehmen und auskühlen lassen.

3. Die Schokoladenglasur schmelzen. Aus Puderzucker und Zitronensaft einen Zuckerguss herstellen und einen Teil mit roter Zuckerfarbe einfärben.

4. Die Herzen mit den Glasuren überziehen. Aus dem Marzipan verschiedene Verzierungen formen und mit den Zuckerdekorationen auf die Herzen legen.

Register

© 2004 SAMMÜLLER KREATIV GmbH

Genehmigte Lizenzausgabe
EDITION XXL GmbH
Reichelsheim 2004

Fotos: Food in Wort und Bild, Sigmarszell
Küche: Corinna Brunner
Layout und Satz: Mathias Weil, Marcel Just
Illustrationen: Herbert Pohlner, Eckhard Freytag

ISBN 3-89736-458-1